Sohaib Turki
Aymen Maghrebi

Détection et localisation des défauts dans les réseaux HT

Souhaib Turki
Aymen Maghrebi

Détection et localisation des défauts dans les réseaux HT

Éditions universitaires européennes

Impressum / Mentions légales
Bibliografische Information der Deutschen Nationalbibliothek: Die Deutsche Nationalbibliothek verzeichnet diese Publikation in der Deutschen Nationalbibliografie; detaillierte bibliografische Daten sind im Internet über http://dnb.d-nb.de abrufbar.

Information bibliographique publiée par la Deutsche Nationalbibliothek: La Deutsche Nationalbibliothek inscrit cette publication à la Deutsche Nationalbibliografie; des données bibliographiques détaillées sont disponibles sur internet à l'adresse http://dnb.d-nb.de.

Coverbild / Photo de couverture: www.ingimage.com

Verlag / Editeur:
Éditions universitaires européennes
ist ein Imprint der / est une marque déposée de
OmniScriptum GmbH & Co. KG
Heinrich-Böcking-Str. 6-8, 66121 Saarbrücken, Deutschland / Allemagne
Email: info@editions-ue.com

Herstellung: siehe letzte Seite /
Impression: voir la dernière page
ISBN: 978-3-8417-4727-3

Dédicaces

Nous dédions ce modeste travail

A nos chers parents

Pour leur soutien, leur patience, leur sacrifice et leur amour, vous méritez tout éloge, vous qui avez fait de nous ce que nous sommes maintenant.

Nous espérons être l'image que vous avez faîte de nous, que dieu vous garde et vous bénisse.

Nous dédions aussi ce travail à nos chers frères et sœurs, pour leur affection et leur encouragement qui ont toujours été pour nous des plus précieux.

Que ce travail soit pour vous le gage de notre profond amour

A tout nos amis

A tous ceux qui nous ont aidé.

A tous ceux que nous aimons, nous dédions ce travail…

Remerciements

C'est avec gratitude et respect que nous tenons à exprimer le profond remerciement à tous nos enseignants de l'Ecole National d'Ingénieur de Gabes et notamment à notre encadreur M.Abouda Slim et M.Abdennebi Nizar, d'avoir contribué à notre formation et d'avoir fait preuve de bonne veillance et de haute assistance.

Nous tenons également à remercier la direction de la Société Tunisienne d'Électricité et du Gaz de gabes de nous avoir acceptés au sein de la base de Ghannouche. Nous tenons à remercier particulièrement notre encadreur industriel, M.Turki Mahmoud pour son excellent accueil, sa précieuse aide et sa patience.

Nous présentons nos plus vifs remerciements à tous les assistants de l'ENIG et particulièrement M.Dhawi Mehdi, M.Chniba Saïd, M.Flah Aymen et M.Mahbouli Aymen pour leur précieuse aide et leur excellent accueil.

Nous tenons à remercier Monsieur Professeur Dhawi Mehdi maitre assistant à l'ENIG pour avoir accepté d'examiner notre travail et de présider nos jury de Projet fin d'études .Nous le remercie de l'intérêt réel qu'il a manifesté sur le teneur de ce rapport.

Nous adressons nos profonds remerciement à Monsieur FLAH Aymen assistant à l'école nationale d'ingénieur de Gabes ait accepté d'être rapporteur de ce travail, leur remarques sont contribués à une meilleur valorisation du travail réalisé.

LISTE DES SYMBOLES

Va, Vb, Vc – *tensions simples des phases a, b, c [V]*

Vd, Vi, Vo – *tension directe, inverse et homopolaire dans les schémas par composantes symétriques [V]*

Ia, Ib, Ic – *courants de ligne des phases a, b, c [A];*

Id, Ii, Io - *courants directe, inverse et homopolaire dans les schémas par composantes symétriques [A]*

x – *distance de défaut dans le réseau [km]*

Zld, Zli, Zlo – *impédances symétriques des lignes, respectivement directe, inverse et homopolaire, [Ohm/km]*

Zch – *impédances par phase de la charge [Ohm]*

Zchd, Zchi – *impédances symétriques de la charge directe et inverse [Ohm]*

Rdef – *résistance de défaut [Ohm]*

Idef – *courants de défaut [A]*

Icc – *courants de court-circuit [A]*

Ichi, Ichd – *courants de charge inverse et direct [A]*

ω– *pulsation propre [rad/s]*

φ – *angle de déphasage [rad]*

Im, Vm – *respectivement courant, tension maximale [A], [V]*

Ieff, Veff – *respectivement courant, tension efficace [A], [V]*

Vda, Via, Voa – *tension direct w inverse w homopolaire da la phase (a) [V]*

Zd, Zi, Zo – *impédances symétriques respectivement directe, inverse et homopolaire, [Ohm]*

I1, I2, I3 – *courant respectivement de ligne 1, 2, et 3 [A]*

V1, V2, V3 – *tension phase-neutre respectivement de ligne 1, 2, et 3 [V]*

Rs, Xs – *respectivement résistance, inductance de source [Ohm] [H]*

Rl, Xl – *respectivement résistance, inductance de ligne [Ohm] [H]*

Table des matières

Liste des figures

Liste des tableaux

Introduction Générale

Les réseaux électriques fournissent la continuité du service essentiel depuis la production jusqu'à la consommation. Les lignes composant ce réseau sont exposées aux divers défauts, comme les courts-circuits, et doivent être mises hors tension pour les faire réparer.

La localisation de défaut dans les réseaux électriques est essentielle pour une qualité de service électrique fiable et continue. Le problème de localisation du défaut dans les systèmes de puissance est aussi vieux que l'industrie électrique elle-même. L'importance du problème a considérablement accru puisque les lignes de transport sont devenues plus longues et elles ont été construites sur des montagnes et des déserts dont l'accessibilité est difficile.

Les lignes aériennes d'un réseau électrique sont sujettées à des nombreux défauts autant diverses causes. La majorité de ces défauts sont des défauts transitoires et le ré-enclenchement de la ligne capable d'éliminer ces types de défaut. Par contre, quand un défaut permanent se produit sur la ligne de transmission d'énergie, il est très important de trouver le lieu exact de défaut pour envoyer des réparateurs et pour restaurer le service.

Dans ce cadre, notre projet de fin d'étude a été réalisé au sein de la **Société Tunisienne de l'Electricité et du Gaz, Base Ghannouch,** dont le sujet consiste à faire un algorithme capable de détecter et localiser un défaut que se produit dans les lignes aériennes d'un réseau électrique haute tension.

Ce rapport de projet de fin d'étude se décompose en quatre chapitres :

✓ Le premier chapitre sera consacré à la présentation de la Société Tunisienne de l'Electricité et du Gaz et pour le cadre général de notre travail.

✓ Dans le deuxième chapitre nous donnons une description générale sur les réseaux de transport et de distribution d'énergie en précisant les différents types de défaut qui peuvent se produire lors de cette transmission d'énergie.

✓ Dans le troisième chapitre, on commence par la présentation des méthodes actuelles de localisation de défaut dans le monde. Après avoir dégagé les différentes inconvénients des ces méthodes. On présente une nouvelle méthode de localisation qui se repose sur le calcul des impédances en utilisant la théorie des composants symétriques.

✓ Dans le quatrième chapitre, on propose un simulateur des réseaux électriques sous MATLAB. Ce dernier est conçu pour pouvoir injecter les différents types des défauts sur un réseau électrique. Les résultats des simulations des quelques défauts est présentés et interprétés.

On achèvera ce rapport par une conclusion générale.

Chapitre 1 :

Présentation de la STEG

I. Introduction

Dans ce chapitre, nous allons présenter une introduction générale de la Société Tunisienne d'Électricité et du Gaz (STEG). La première partie, est consacrée à la présentation de la société, ses activités et son organisme d'accueil. La deuxième partie donne une présentation sur la Direction de Production et de Transport de l'Electricité (DPTE). La troisième partie décrit la Base de transport d'électricité à GHANNOUCH leurs services et leurs unités et on finit par une présentation du cadre générale de notre projet.

II. Présentation générale du STEG

1. Introduction et historique

La Société Tunisienne d'Électricité et du Gaz (STEG) est créée en 1962 par le décret loi n° 62-8 du 08 avril 1962. C'est un établissement public à caractère industriel et commercial (EPIC).Elle est responsable de la production, du transport et de la distribution de l'électricité et du gaz naturel dans tout le territoire de la Tunisie.

Depuis sa création, la STEG a pour mission essentielle l'électrification du pays, le développement du réseau de gaz et la réalisation d'une infrastructure électrique et gazière permettant un développement équilibré sur tout le territoire national.

Ainsi pour assurer cette mission en passant par la production, le transport et la transformation, la STEG a investi des moyens humains et matériels très importants pour la réalisation des nouveaux ouvrages et pour la réussite de ses orientations stratégiques et cela ne peut être qu'avec une structure administrative bien organisée qui se traduit par un conseil d'administration présidé par le Président Directeur Général. En outre pour bien mener sa tâche fonctionnelle, la direction générale exige l'intervention d'autres organes administratifs qui se traduit par des directions et des départements.

Par ailleurs, durant toutes les années de son existence, la STEG a adhéré à une nouvelle vision à cause de la mondialisation des marchés et la mobilité internationale des capitaux qui se sont manifestées pour la STEG par l'adoption des nouvelles orientations retenues dans le XIIème plan de développement à savoir la révision du cadre réglementaire régissant de secteur par levée du monopôle de la production de l'électricité et l'introduction de l'option de la production indépendante, ce qui a permis à des investisseurs étrangers de s'installer dans le secteur de production.

Ce contexte de mondialisation et d'ouverture a contraint le pouvoir public à se lancer dans une politique de mise à niveau globale visant à consolider la capacité concurrentielle de nos entreprises et garantir ainsi leur pérennité.

Et suite aux évolutions technologiques et économiques ainsi que les exigences des clients, l'importance prise par la notion de la télé conduite du réseau de distribution moyenne tension est actuellement très significative.

La raison d'être d'un distributeur d'énergie électrique est de fournir son bien (Le kWh) aux consommateurs en tenant compte de plusieurs objectifs tels que :

✓ Continuité et qualité de service.
✓ Sécurité des biens et des personnes.
✓ Souplesse et confort d'exploitation.
✓ Maîtrise des coûts.

De plus en plus, le distributeur d'énergie est conduit à fournir un produit électricité de qualité. Pour cela il doit :

✓ Réduire des coupures et des micros – coupures d'alimentation en nombre et en durée vis-à-vis de ses clients.
✓ Minimiser les conséquences, éviter les perturbations, telles que fluctuations de tension et de fréquence ainsi que la nature de l'onde.
✓ Réduire l'affaissement et la pollution de la tension (les harmoniques)

A cet égard et dans le cadre général de l'amélioration de la qualité de service, la STEG ne cesse d'améliorer l'état de la télé conduite ainsi que les compétences de ses agents, afin de limiter l'influence des incidents et alimenter dans les plus brefs délais les parties saines du réseau, voir même la totalité dans certains cas.

2. Activités

La STEG assure la production de l'énergie électrique et du gaz de pétrole liquéfié (GPL), ainsi que le transport et la distribution de l'électricité et du gaz naturel au niveau national.

Son objectif principal est :

- ✓ répondre aux besoins de l'ensemble de ses clients (résidentiels, industriels, tertiaires…).
- ✓ La production de l'électricité à partir de différentes sources (thermique, hydraulique, éolienne…).
- ✓ Le transport de l'électricité et la gestion et le développement des réseaux et des postes Haute Tension.
- ✓ La distribution de l'électricité, la gestion et le développement des réseaux et des postes Moyenne Tension et Base Tension.
- ✓ Le développement et la distribution du gaz naturel et la gestion de l'infrastructure gazière.
- ✓ La production du GPL (Gaz de pétrole Liquéfié).

3. Organigramme

La STEG comprend actuellement 14 directions, parmi lesquelles la Direction de la Production et du Transport de l'électricité (DPTE). Celle-ci est constituée de différentes directions dont la Direction Gestion Moyens de Transport de l'Electricité (DGMTE) qui a pour mission d'assurer la disponibilité permanente des ouvrages du réseau de Transport dans les conditions optimales de sécurité, de coût et de continuité. les schémas suivants explique l'organisation et l' hiérarchique de la STEG

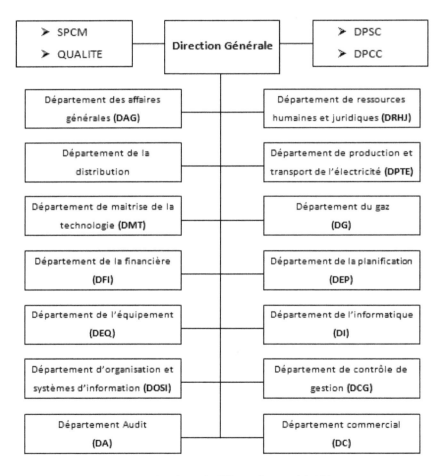

Figure I.1 : Organigrame des différentes directions de la STEG

III. Présentation générale du DPTE

La Direction de Production et de Transport de l'Electricité (DPTE), et comme son nom l'indique a pour fonction la production et le transport de l'énergie électrique.

Généralement, l'énergie électrique est produite par des groupes de production installés dans des centrales électriques, et qui délivrent une tension (5.5 ; 11 ou15.5 KV).Cette tension est transformée en Haute tension (90, 150, ou 225KV) par des transformateurs élévateurs installés à la sortie des générateurs.

La totalité de l'énergie produite est transportée par des lignes de transport HTB sur des dizaines de kilomètres, jusqu'aux centres de consommation (postes HTB/HTA) et distribuée sous une tension (15 ou 33 KV).

Le réseau électrique peut être le siège de défauts et en particulier les courts-circuits, il est alors indispensable de mettre l'élément affecté hors service afin de limiter les dégâts et d'éviter ses répercussions sur le fonctionnement du réseau.

La mise hors service automatique d'un élément en défaut est confiée aux systèmes de protection. Ces systèmes jouent un grand rôle dans le fonctionnement des réseaux électriques.

Organigramme

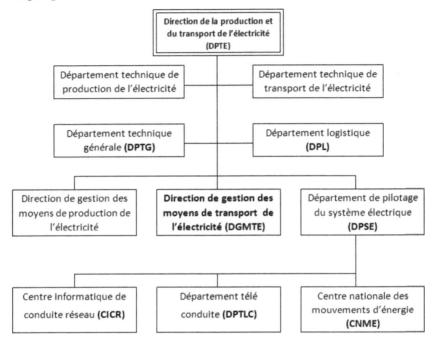

IV. Base de transport d'électricité à GHANNOUCH

La base de Ghannouch est l'une de deux bases de la Région de Transport Sud, elle comprend les unités suivantes :

1. Service méthode et coordination

Le bureau de méthode et de coordination (BDM) organise les différentes interventions des équipes de maintenance. Les tâches dont il est responsable consistent donc à:

✓ La prévision du planning annuel et sa mise en application.

✓ Suivi de la fiabilité du matériel.

✓ Le BDM dispose d'un logiciel de gestion de la maintenance qui englobe.

✓ Base de données contenant les ouvrages constituant le réseau de transport de la base.

✓ Gestion des travaux systématiques.

✓ Prévision des travaux.

✓ Programme hebdomadaire.

✓ Statistiques.

2. Unité d'exploitation

2.1. Exploitation

L'exploitation des postes de transformation HTB/HTB et HTB/HTA consiste en un certain nombre de tâches notamment :

✓ Assurer la conduite et la surveillance permanente de l'état du réseau et du matériel.

✓ Effectuer la mise en ou hors service des ouvrages de réseaux.

✓ Assurer le dépannage dans les limites du possible.

✓ Appliquer les consignes d'exploitation et les règles de sécurité.

2.2. Bureau de garde

Le bureau de garde coordonne les opérations de maintenance et de dépannage des différents postes.

Après avoir réceptionné les réclamations par message ou par fax du CRC (centre régional de conduite), il assure les suivis avec le BDM.

Il suit quotidiennement le programme hebdomadaire et assure les interventions des équipes de maintenance.

3. Unité maintenance ouvrage

3.1. Section maintenance poste

L'activité de cette section est principalement l'entretien systématique sur les équipements HTB et HTA tels que visites du type A et B des disjoncteurs, sectionneurs.

VA : Elle consiste en un examen des composants, des contrôles mineurs d'entretiens nécessaires au bon fonctionnement des éléments tels que les lubrifiants, graissage et ajustements.

VB : C'est une inspection complète, elle consiste en un examen détaillé et prédéterminé de tous ou d'une partie importante des composants d'un ouvrage.

La section maintenance ouvrage intervient en plus, dans les dépannages dus à des anomalies survenues sur les équipements en exploitation et dans la remise en état suite à une détection d'anomalies.

Les équipes de maintenance effectuent aussi des travaux divers concernant les dépoussiérages des travées, travaux de réfections et révision du matériel.

3.2. Section maintenance lignes

En ce qui concerne les lignes, des visites systématiques montées ou non sont organisées chaque année dans le but de contrôler les lignes et ses accessoires et de remplacer si c'est nécessaire avec la coordination avec la BDM

4. Unité contrôle électrique

L'équipe du contrôle système doit assurer l'entretien et le dépannage de l'ensemble des protections (lignes, transfos, groupes, etc.), auxiliaires et travaux de laboratoires

Dans un premier temps, nous précisons les raisons pour lesquelles on protège le réseau de transport: puis, nous présentons les défauts auxquels peuvent être soumis tout élément du réseau et les dispositifs de protection existants.

V. Cadre général du projet

Ce projet rentre dans le cadre d'un mémoire de fin d'études, intitulé «**Détection et Localisation des défauts dans les réseaux HT**». Ce projet vient conclure notre formation d'ingénieur à l'Ecole Nationale des Ingénieurs de Gabes (**ENIG**). Il a été proposé par la **STEG Base Ghannouch**, qui nous a intégré au sein de son équipe.

1. Problématique

Lors d'une trasmission d'energie, les lignes aériennes d'un réseau électrique sont sujettées à des nombreux défauts autant diverses causes. Plusieurs techniques ont été proposées ou appliquées pour localiser le point exact de défaut sur les lignes de transmission. Ces techniques sont soient compliquées à résoudre où bien très chères à appliquer et donnent une mauvaise précision.

2. Cahier des charges

Pour améliorer la précision de calcul de distance de défaut, on a proposé une méthode de localisation qui se repose sur le calcul des impédances en utilisant la théorie des composantes symétriques.

La programmation est effectuée à l'aide d'un logiciel MATLAB, on a proposé un simulateur d'un réseau électrique sur lequel on peut injecter un type de court-circuit. Par la suite on a fait un interface graphique qui exécute notre algorithme de calcul de défaut et qui affiche la nature et la distance calculée du défaut injecté et donne l'erreur de mesure qui se produit.

VI. Conclusion

Dans ce chapitre, on a présenté la société tunisienne de l'électricité et du gaz (STEG), ses activités et ses branches et on a mis notre projet dans son cadre générale. Par la suite on va présenter quelques modèles constituant un réseau électrique et on va citer les différents défauts qui peuvent se produire lors d'un transport d'énergie.

Chapitre 2 :

Généralité sur les réseaux électriques

I. Introduction

Dans ce chapitre, nous allons présenter la base des études que nous avons menée. La première partie présentera les réseaux de distribution, leur nature et leur structure. La deuxième partie va présenter la modélisation des différentes composantes des réseaux électriques à savoir les générateurs d'énergie électriques, les lignes de transport et les charges électriques. La troisième partie va concerner les défauts observés sur les réseaux de distribution. Elle nous donnera une idée sur les types de défaut les plus répandus.

II. Les Réseaux Electriques

1. Principes

Le principe du réseau de distribution d'énergie électrique est d'assurer le mouvement de cette énergie (active ou réactive) en transitant par des lignes ou câbles HTA (30 et 10 kV) et entre les différents postes de livraison (postes sources HTB/HTA) et les consommateurs BT (400/230 V). [1]

L'architecture d'un réseau de distribution électrique moyenne tension (MT ou HTA) est plus ou moins complexe suivant le niveau de tension, la puissance demandée et la sûreté d'alimentation requise. Selon la définition de la Commission Electrotechnique Internationale (CEI), un poste électrique est la partie d'un réseau électrique, située en un même lieu, comprenant principalement les extrémités des lignes de transport ou de distribution, de l'appareillage électrique, des bâtiments, et, éventuellement, des transformateurs.

Un poste électrique est donc un élément du réseau électrique servant à la fois à la transmission et à la distribution d'électricité. Il permet d'élever la tension électrique pour sa transmission, puis de la redescendre en vue de sa consommation par les utilisateurs (particuliers ou industriels).

Les postes électriques se trouvent donc aux extrémités des lignes de transmission ou de distribution. On parle généralement de sous-station.

Il existe plusieurs types de postes électriques [1, 2] :

- **Postes de sortie de centrale :** le but de ces postes est de raccorder une centrale de production de l'énergie au réseau.
- **Postes d'interconnexion :** le but est d'interconnecter plusieurs lignes électriques HTB.

- **Postes élévateurs :** le but est de monter le niveau de tension, à l'aide d'un transformateur.

- **Postes de distribution :** le but est d'abaisser le niveau de tension pour distribuer l'énergie électrique aux clients résidentiels ou industriels.

Le système électrique est structuré en plusieurs niveaux (Figure II.1), assurant des fonctions spécifiques propres, et caractérisé par des tensions adaptées à ces fonctions. [3]

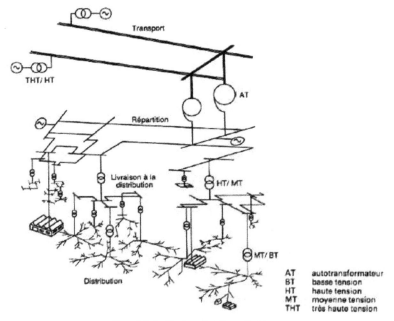

Figure II.1 : Architecture d'un réseau électrique

2. Type des réseaux

Les réseaux de transport à très haute tension (THT) transportent l'énergie des gros centres de production vers les régions consommatrices (de 150 à 800 kV). Ces réseaux sont souvent interconnectés, réalisant la mise en commun de l'ensemble des moyens de production à disposition de tous les consommateurs.

Les réseaux de répartition à haute tension (HT) assurent, à l'échelle régionale, la desserte des points de livraison à la distribution (de 30 à 150 kV).

Les réseaux de distribution sont les réseaux d'alimentation de l'ensemble de la clientèle, à l'exception de quelques gros clients industriels alimentés directement par les réseaux THT et HT. On distingue deux sous-niveaux: les réseaux à moyenne tension (MT: 3 à 33 kV) et les réseaux à basse tension (BT : 110 à 600 V).

3. Production électrique

Traditionnellement, le renforcement du système de production électrique se fait par l'insertion de nouvelles unités de production centralisées au réseau de transport. Au cours de ces dernières années, la tendance de libéralisation du marché de l'électricité a favorisé l'apparition de nombreux producteurs dans les réseaux électriques.

On appelle ces nouveaux producteurs par plusieurs noms comme Production Décentralisée, Production Distribuée, Génération d'Energie Distribuée ou Génération d'Energie Dispersée GED, (en anglais sous le nom : distributed, dispersed, decentralized or embedded generation DG, EG), pour définir les sources d'énergie électrique alternative de la production centralisée qui sont placées près des points de consommation et disposées de puissances installées allant de moins d'un kW à 200 MW.

3.1. Les énergies renouvelables

- **Eolien :** ce mode transmet l'énergie cinétique du vent à l'énergie électrique grâce aux turbines aérogénérateurs. Deux technologies sont principalement utilisées :les générateurs synchrones et asynchrones. En fonction de la technologie choisie, leur raccordement au réseau se fait soit directement, soit via des interfaces d'électronique de puissance. En tenant compte de l'intermittence de ce type d'énergie, les turbines éoliennes sont normalement associées avec un système de stockage d'énergie et/ou avec un moteur diesel. Il existe également deux possibilités d'installation des parcs éoliennes: éolien en mer et éolien sur terre dont les installations en mer comportent une capacité très importante. La puissance d'un parc éolien varie de quelques Mégawatts à quelques centaines de Mégawatts.

- **Petites centrale hydrauliques**: leur principe de fonctionnement est identique à la centrale hydraulique centralisée traditionnelle. La différence consiste à leur petite taille. Elles sont installées proches des consommateurs pour exploiter les petits fils d'eau locale. Le niveau de puissance va de quelques kW à quelques MW.

- **Géothermie :** les centrales géothermiques utilisent la chaleur de nappes d'eau souterraine dans les zones les plus favorables. Cette chaleur est soit directement utilisée, soit convertie en énergie électrique grâce aux générateurs. La taille typique des centrales géothermiques varie de 5 à 50MW.

- **Photovoltaïque :** les panneaux photovoltaïques transforment directement l'énergie solaire en énergie électrique à courant continu. Il s'agit de cellules en matériaux semi-conducteurs fonctionnant sur le principe de la jonction P-N et étant réalisées actuellement pour la grande majorité à partir de silicium cristallisé. Ils sont très utilisés pour l'alimentation des sites isolés en association avec un système de stockage.

- **Biomasse et déchets :** Certaines centrales thermiques à flammes utilisent comme source primaire des combustibles issus de la biomasse (bois, biogaz, paille, déchets organiques, etc.) ou de déchets industriels et domestiques.

- **Hydrolienne :** utilise l'énergie cinétique des courants marins, comme une éolienne qui utilise l'énergie cinétique de l'air. La turbine de l'hydrolienne permet la transformation de l'énergie hydraulique en énergie mécanique, qui est alors transformée en énergie électrique par un alternateur. La puissance des centrales hydroliennes est très prometteuse, cependant elles restent encore dans une étape de recherche et de développement.

3.2. Les énergies non renouvelables

- **l'énergie fossile** (gaz, charbon, pétroles) est utilisée comme l'énergie primaire pour produire l'électricité. On peut les trouver dans les turbines à combustion (puissance disponible sur le marché de 25kW à 200 MW), les micros turbines à combustion (de 30 à 50kW), les moteurs à gaz (de 5kW à 5MW), les moteurs diesels (de 100kW à 25 MW), les moteurs Stirling (de 5 à 50 kW).

- **l'énergie d'hydrogène** est utilisée avec l'oxygène par la réaction électrochimique dans laquelle l'énergie chimique dégagée par la dégradation du combustible est convertie directement en énergie électrique et en chaleur. C'est le principe de piles à combustible. La puissance actuelle des piles à combustible est dans la plage de 1kW à 1MW et elles sont encore améliorées et développées.

III. Modélisations et Présentations

1. Introduction

Pour élaborer le modèle complet d'un réseau de transport de l'énergie électrique, il faut d'abord connaître les modèles des éléments qui le constituent. En effet, un réseau électrique se compose de générateurs électriques, de lignes de transmission, de transformateurs et tous les appareils liés au réseau.

Pour cette étude, la topologie du réseau est munie de :
- ➤ Générateurs électriques
- ➤ Lignes de transmissions
- ➤ Transformateurs

2. Modélisation des générateurs

Une machine synchrone est une machine à courant alternatif, dans laquelle la fréquence de la tension induite engendrée et la vitesse sont en rapport constant. Elle est composée : d'un induit fixe, un inducteur tournant. On appelle une machine synchrone toutes les machines qui tournent exactement à la vitesse correspondant à la fréquence des courants et des tensions à ses bornes.

Les machines de faible vitesse angulaire sont à pôles saillants. Pour les grandes machines à grande vitesse (3000 tr/min, dans les centrales à fuel ou charbon), (1500 tr/min dans les centrales nucléaires), on utilise des rotors lisses à entrefer constant.

Le schéma équivalent est représenté par la figure II.2 :

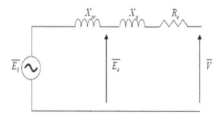

Figure II.2 : Modèle d'une génératrice

- $S_i = P_i + jQ_i$: La puissance apparente délivrée par le générateur.
- $V_i = |V_i| e^{j\delta}$: La tension simple.

- E_0 : La f.e.m à vide.
- V : Tension de sortie.
- X_{ar} : Réactance de réaction d'induit.
- X_a : Réactance de fuite.
- X_s : $X_a + X_{ar}$ Réactance synchrone.
- R_e : Résistance d'enroulement.

3. Modélisation d'une ligne

Une ligne peut être considérée comme une série de circuit à constante répartie uniformément sur toute sa longueur. Ces circuits sont composés d'une infinité d'éléments identiques constitués, d'une inductance linéique, et d'une résistance linéique, dans le sens longitudinal, qui donnent naissance à des chutes de tension. Une conductance linéique est une capacité linéique dans le sens transversale. Le schéma équivalent en Π est représenté par la figure suivante :

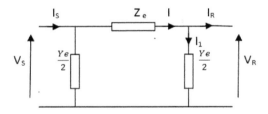

Figure II.3 : Modèle équivalent en π d'une ligne longue

- Ze : Impédance série par unité de longueur.
- $\frac{Ye}{2}$: Admittance shunt par unité de longueur.

4. Modélisation d'un transformateur

Un transformateur est un convertisseur alternatif-alternatif qui permet de modifier la valeur d'une tension alternative en maintenant sa fréquence et sa forme inchangées. Son utilisation est principalement pour le transport de l'énergie électrique. Il assure l'élévation de tension entre la source et le réseau de transport, puis il permet l'abaissement de la tension du réseau vers l'usager.

Le transformateur est constitué d'un circuit magnétique sur lequel sont bobinés deux enroulements (primaire et secondaire). Lorsque le transformateur triphasé est connecté à un système de tension équilibré et alimentant une charge triphasé symétrique, on peut se limiter à l'étude par phase. On peut le représenter par le schéma équivalent suivant :

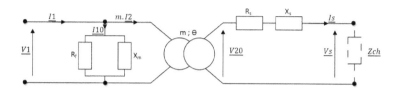

Figure II.4 : Modèle équivalent par phase d'un Tr 3~ ramené au secondaire

Avec :

- R_s, X_s : Résistance et réactance des enroulements ramenés au secondaire.
- R_f, X_m: Résistance responsable des pertes fer et réactance magnétisante par phase du circuit magnétique.
- I_{10} : Courant à vide du transformateur.
- V_{20} : Tension simple à vide au secondaire du transformateur.
- Z_{ch} : Impédance par phase de la charge.
- m : Rapport de transformation.
- Θ : Déphasage entre deux tensions homologues.

IV.   Défauts sur les réseaux électriques

Comme tous les réseaux électriques, les réseaux haute tension sont aussi sujets à des défauts, qui possèdent leurs particularités selon le type de réseau – rural ou urbain.

Les défauts peuvent se produire entre conducteurs, entre conducteurs et la terre, ou être dus à la détérioration du milieu isolant, qu'ils soient détruits par une contrainte exagérée ou une action physique ou qu'ils soient traversés accidentellement par des objets métalliques ou conducteurs.

Les principaux défauts et phénomènes important qui peuvent se produire dans les réseaux sont:

- les courts-circuits.
- les surtensions.
- les surcharges.
- les oscillations.
- les déséquilibres.

Nous allons étudier pour chacun de ces phénomènes les causes, la forme et les conséquences sur le réseau et sur les installations voisines.

1. Courts-circuits

Le court-circuit représente le test le plus sévère pour valider les modèles de systèmes connectés sur un réseau électrique, donc dans notre projet on s'intéresse essentiellement à l'étude de ce défaut.

1.1. Les causes d'un court-circuit

Les causes d'un court-circuit peuvent être multiples:

- Dans les réseaux souterrains: par humidité, corrosion chimique, travaux...
- Sur les lignes aériennes: les courts-circuits sont beaucoup plus fréquents (atmosphériques, vent etc.). Les causes de claquage ou de contournement d'un isolant sont multiples à savoir: les coups de foudre, actions de l'humidité (surtout matinale) et du brouillard, pollution (dépôt de sel, de produits chimiques).
- Fausses manœuvres.

1.2. Type des défauts de court-circuit

Ils se présentent sous forme des défauts monophasés, biphasés ou triphasés (avec ou sans terre). Ils sont dus aux contacts entre conducteurs ou bien au claquage d'isolants solides. [4]

✓ Les défauts triphasés : ce sont les courts-circuits entre les trois phases avec ou sans mise à la terre.(figure II.5-a)

✓ Les défauts biphasés isolés : ce sont les courts-circuits entre deux phases sans neutre.(figure II.5-b)

✓ Les défauts biphasés terres : ce sont les courts-circuits entre deux phases et neutre ou avec terre.(figure II.5-c)

✓ Les défauts monophasés : ce sont des défauts entre une phase et la terre ou une phase et le neutre. Ils génèrent la circulation d'un courant homopolaire. Leur intensité est limitée par la résistance de terre et par la mise à la terre du neutre.(figure II.5-d)

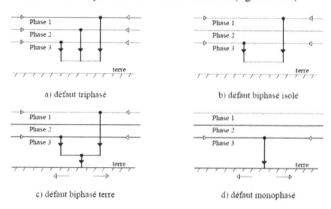

Figure II.5 : Différentes types de défauts sur un réseau électrique

1.3. Les conséquences d'un court-circuit

✓ **Les surintensités**

Les surintensités entraînent:

- La fusion des métaux sous l'effet de la chaleur de l'arc.
- La carbonisation des isolants.
- Des risques d'incendie.
- Echauffement des conducteurs aux points faibles: manchons des lignes, mâchoires des sectionneurs.
- Efforts électrodynamiques considérables: enroulements de transformateurs secoués, jeux de barres déformés.
- Perturbations téléphoniques suite aux courants induits.

✓ **Les chutes de tension**

Les chutes de tension sont gênantes surtout au voisinage du court-circuit, alors les lampes s'éteignent, les moteurs décrochent si la perturbation dure plusieurs secondes. Pour les réseaux HT il y a un risque de perte de synchronisme entre les groupes de production.

2. Les surtensions

C'est toute tension entre un conducteur de phase et la terre, ou entre conducteurs de phase, dont la valeur de crête dépasse la valeur de crête correspondant à la tension la plus élevées pour le matériel.

Une surtension est dite de mode différentiel si elle apparait entre conducteur de phase ou entre circuits différents. Elle est dite commune si elle apparait entre un conducteur de phase et la masse ou la terre.

2.1. Les différents types de surtension

Les surtensions sont difficilement mesurables et enregistrables sans l'utilisation d'un enregistreur sophistiqué (oscillo-perturbographe numérique) et elles sont très importantes pour le fonctionnement du réseau. On les groupe on deux catégories:

- Surtensions internes propres au fonctionnement du réseau.
- Surtensions externes venant de l'extérieur et dues généralement à des phénomènes de foudre.

2.2. Conséquences

- Vieillissement des isolants et risque de leurs claquages.
- Contraintes sur les récepteurs.
- Augmentation des courants magnétisant dans les circuits magnétiques et des pertes dans le fer et échauffement des circuits magnétiques par les courants de Foucault.

3. Les surcharges

3.1. Les causes des surcharges

Les principales causes des surcharges sont :

- Les courts-circuits,
- Les pointes de consommation et de transit : qu'on peut généralement tolérer en fonction du pourcentage de surcharge.
- Report de charge sur une ligne ou sur un appareil (transformateur) lorsqu'il y a eu modification de la topologie du réseau.
- La durée des surcharges peut être plus ou moins longue de quelques secondes à quelques heures.

3.2. Les conséquences des surcharges

Les principales conséquences des surcharges sont :

- Effet calorifique à long terme (échauffement) qui apparaît au bout d'un temps qui dépend de l'inertie thermique de l'ouvrage considéré et des ses conditions de refroidissement
- Des points défectueux (tresses conductrices en mauvais état, contacts de sectionneurs oxydés etc.) constituent des «points chauds» qu'un courant de surcharge peut souder.

4. Les oscillations

Les oscillations affectent en général les alternateurs et le réseau.

4.1. Les causes des oscillations

- Les variations de charge brusques sur les alternateurs: le rotor de l'alternateur met du temps pour changer d'angle électrique correspondant à la nouvelle situation.
- Les courts-circuits.
- Le faux couplage (U, f, φ).

4.2. Les conséquences des oscillations

Les principales conséquences des oscillations sont:

- Déclenchement de groupes de production par perte de synchronisme.
- Surintensités.
- Battements de tension.
- Clignotement des lampes.
- Variation de vitesse des moteurs.
- Efforts anormaux sur les alternateurs et les turbines.
- Répercussions très graves parfois: ouverture d'interconnexions, baisse de fréquence etc.

5. Les déséquilibres

Généralement, les déséquilibres sont dûs à la coupure d'une phase suite à l'ouverture d'une bretelle en ligne, à la rupture du conducteur sans provoquer un court-circuit, à l'enclenchement ou déclenchement défectueux d'un appareil (disjoncteur) ou à une mauvaise fermeture d'un sectionneur.

Les conséquences des déséquilibres

Les principales conséquences des déséquilibres sont:

- Les charges alimentées fonctionnent dans des conditions anormales.
- Le déséquilibre des phases en HT entraîne la présence d'un courant résiduel qui circule dans les neutres des transformateurs et qui engendre leur échauffement.
- Déséquilibre des courants dans les réseaux neutres à la terre.
- Perte de couple et échauffement des moteurs.
- Eclairage défectueux.

V. Conclusion

Dans ce chapitre, on a présenté quelques modèles constituant un réseau électrique et on a cité les différents défauts qui peuvent se produire lors d'un transport d'énergie. Dans la suite on va s'intéresser à la détection et la localisation de ces défauts.

Chapitre 3 :

Détection et localisation des défauts dans les réseaux HT

I. Introduction

La détection, la localisation et l'élimination rapides des défauts sont des facteurs essentiels pour une exploitation satisfaisante des réseaux électriques. Quand un défaut se produit sur la ligne de transmission d'énergie, il est important de trouver le lieu exact du défaut. Ceci permettra de réduire le temps requis pour réparer les dommages provoqués par le défaut et améliorer la fiabilité et la continuité de service. La localisation de défaut sur les lignes de transmission a toujours été un sujet bien connu, puisqu'il est étudié depuis longtemps. Cependant ce problème a pris beaucoup d'importance de nos jours, en raison de la déréglementation et de la qualité exigée d'alimentation. Plusieurs techniques ont été proposées ou appliquées pour localiser le point exact de défaut sur les lignes de transmission.

Ce chapitre présente le contexte de notre projet qui porte sur la détection et la localisation de défauts dans les réseaux HT. Pour cela, nous commençons par la description des différentes méthodes de détection et localisation des défauts actuelles. Par la suite nous allons rappeler dans une deuxième partie la théorie des composantes symétriques. Puis on finit dans la troisième partie par une présentation de la méthode d'impédance symétrique qui est la base de notre projet.

II. Détection et localisation des défauts dans les réseaux haute tension

1. Généralité

La fourniture d'électricité, en ce qui concerne la sûreté et la disponibilité, constitue un point clef de la gestion des réseaux électriques. Ceci est particulièrement vrai pour les réseaux de distribution et de transport. La gestion de tels réseaux est complexe du fait de leur architecture, du faible nombre de données disponibles et des perturbations variées qui peuvent s'y produire.

Une des tâches importantes de la gestion du réseau consiste à traiter correctement l'occurrence des défauts. En général, on distingue trois niveaux de traitement suite à l'apparition d'un défaut sur un réseau de distribution, [5] :

- ✓ La détection du défaut.
- ✓ La sélection du départ en défaut.
- ✓ La localisation du défaut ou du tronçon du réseau en défaut.

La détection doit être très rapide car elle entraîne l'ouverture des disjoncteurs qui mettront hors tension la partie défectueuse du réseau. Lors du défaut polyphasé, le courant de défaut est très grand par rapport au celui de charge, la détection de ce type de défaut est donc simplement effectuée par le franchissement d'un seuil de courant. Par contre, lors du défaut monophasé, le courant de défaut est faible (en particulier dans le réseau à neutre isolé ou compensé), la détection de défaut est beaucoup plus compliquée.

La sélection du départ en défaut pour déterminer le départ qui a subi ou qui subit le défaut. Cette étape permet la localisation du défaut plus rapide.

La localisation précise du défaut sur un départ n'est utile que dans une deuxième phase: la reconfiguration du réseau. La localisation peut donc être plus lente que la détection. En revanche, elle doit être plus précise afin de pouvoir manœuvrer les interrupteurs de réseau de façon optimale. Cependant, il ne faut pas négliger le fait qu'une localisation trop lente peut retarder la réalimentation d'un certain nombre de clients, et nuire à la qualité de fourniture en augmentant l'énergie non distribuée.

La localisation peut permettre :

✓ Soit de réaliser une localisation de la zone en défaut .
✓ Soit de calculer de façon la plus précise possible, la distance entre le défaut et un point de référence souvent représenté par le jeu de barre en sortie du poste source.

Dans la suite du document, nous présentons quelques méthodes de détection et localisation de défaut. Nous précisons pour chacune les domaines d'application (détection, sélection du départ ou localisation de défaut).

2. Méthodes de détection et localisation des défauts

2.1. Méthodes de détection des défauts

✓ Courant de phase :

Quand le défaut se produit, le courant de phase augmente très vite et il devient très élevé. On utilise ces caractéristiques pour détecter le défaut [6]. Si le seuil de courant est franchi ou si l'augmentation du courant durant une durée spécifique dépasse une valeur prévue, le défaut est déterminé. Cette méthode est utilisée pour détecter le défaut triphasé, biphasé ou monophasé car le courant de défaut est élevé.

✓ Tension neutre terre :

La tension neutre-terre, relativement faible en service normal, augmente immédiatement avec l'apparition d'un défaut monophasé. Dans le cas d'un défaut franc, elle atteint même la tension nominale simple du réseau. Ce phénomène peut être exploité pour la détection de défauts en définissant des valeurs seuils pour la tension neutre-terre ou pour sa variation.

✓ La méthode watt-métrique traditionnelle :

La méthode watt-métrique traditionnelle exploite la faible composante active à 50 HZ du courant homopolaire, pour faire une mesure de la puissance [5]. La phase du courant homopolaire par rapport à la phase de la tension du déplacement du neutre, détermine si le défaut est situé en amont ou en aval (détection directionnelle). L'inconvénient de cette méthode est sa grande sensibilité vis-à-vis du faible courant actif.

✓ Relais pour les défauts transitoires :

L'objectif de cette méthode est de détecter non seulement les défauts permanents mais aussi les défauts transitoires générés par la foudre, des branches d'un arbre, des isolateurs en mauvais état, etc.

En fonction de l'orientation des premières oscillations du courant et de la tension homopolaire, la direction du défaut est déterminée.

Au niveau du poste source, les deux dernières méthodes ci-dessus peuvent être utilisées pour la détection de défauts et la sélection du départ en défaut. En plus, si plusieurs détecteurs de défaut, utilisant l'une de ces méthodes, sont installés au long des lignes du réseau, la vue d'ensemble de leurs décisions peut être utilisée pour une localisation plus précise du tronçon du réseau en défaut [7].

2.2. Méthodes de localisation des défauts

✓ Reconfiguration du réseau :

C'est la méthode utilisée pour localiser la zone en défaut. Les réseaux de distribution disposent d'organes de coupure en réseau en des points stratégiques qui permettent, après la détection d'un défaut permanent, de reconfigurer le réseau afin de réalimenter la majorité des consommateurs. Seul le tronçon en défaut n'est alors plus alimenté afin de réparer les matériels endommagés et éliminer la cause du défaut si nécessaire. La méthode est du type essai – erreur.

En conséquence, dans certains cas, la recherche de la zone en défaut peut durer plusieurs heures et augmente les détériorations subies par les matériels lors des différentes réalimentations.

De plus, les défauts auto-extincteurs (endommageant les matériels) ne peuvent pas être localisés par cette méthode. Elle ne permet donc de localiser que des défauts fugitifs réamorçant ou des défauts permanents.

    ✓   L'Indicateur de Passage de Défaut (IPD) :

L'IPD est un appareil qui est installé tout au long des départs HT et qui, par l'analyse des signaux locaux courant et tension, est capable de signaler en local ou à distance à l'exploitant du réseau la présence du défaut.

A condition qu'ils détectent le défaut de façon certaine et qu'ils soient correctement mis en œuvre dans les réseaux (c'est-à-dire placés à une position « stratégique »), les indicateurs de passage de défaut peuvent permettre d'améliorer la sécurité et de réduire les dommages aux équipements.

En ce qui concerne la localisation de défauts sur un réseau haute tension, il n'existe jusqu'à présent aucune méthode fiable qui permet de localiser rapidement, à partir du poste-source, le tronçon du réseau en défaut.

2.3.   Ce qui concerne notre projet

Pour localiser les défauts qui se produisent sur les lignes de transport nous choisissons la méthode des impédances symétriques. Cette méthode se repose sur le calcul d'une impédance "vue" au niveau du point de mesure et le fait que cette impédance soit proportionnelle à la distance de défaut. Le point de mesure est situé au poste source. Notre objectif est donc de calculer la distance des différents types des défauts qui peuvent se produire sur un réseau électrique afin de permettre une localisation de défaut plus efficace.

Dans la suite, nous rappelons la théorie des composantes symétriques et présentons en détail la méthode des impédances symétriques qui est considérée pour chaque type de défaut.

3. Méthode des impédances symétriques

La méthode se repose sur des formulations classiques (calcul par schémas symétriques). Cette méthode est robuste et facile à implémenter.

3.1. Théorie des composantes symétriques

3.1.1. Introduction

La théorie des composantes symétriques s'applique tout aussi bien à des vecteurs tournants tels que des courants et des tensions qu'à des vecteurs fixes tels que des impédances ou des admittances.

Les composantes symétriques permettent surtout d'étudier le fonctionnement d'un réseau polyphasé de constitution symétrique lorsque l'on branche en un de ses points un récepteur déséquilibré ; soit parce qu'il s'agit effectivement d'une charge non équilibrée ; soit plus fréquemment lorsque se produit un court circuit.

3.1.2. Représentation vectorielle du système triphasé équilibré

En fonctionnement équilibré, le système triphasé de tensions peut être vu comme il est représenté à la figure III.1.

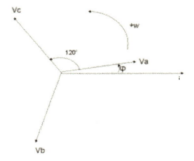

Figure III.1 : Représentation vectorielle équilibrée

Dans ce système, les grandeurs différentes, ramenées à l'axe Ox, s'expriment comme :

$$
\begin{cases}
Va = Vm.\cos(\omega.t) \\[2mm]
Vb = Vm.\cos(\omega.t - \frac{2.\pi}{3}) \\[2mm]
Vc = Vm.\cos(\omega.t - \frac{4.\pi}{3})
\end{cases}
\qquad (III.1)
$$

De même pour un système triphasé d'intensité on peut l'exprimer par :

$$
\begin{cases}
Ia = Im.\cos(\omega.t + \varphi) \\[2mm]
Ib = Im.\cos(\omega.t - \frac{2.\pi}{3} + \varphi) \\[2mm]
Ic = Im.\cos(\omega.t - \frac{2.\pi}{3} + \varphi)
\end{cases}
\qquad (III.2)
$$

Ces grandeurs sont donc de même amplitude et déphasées de $\frac{2.\pi}{3}$. Un traitement vectoriel n'est pas toujours pratique ; c'est pourquoi on fait appel à la représentation de ces grandeurs en valeurs complexes. Ainsi en supposant pour la simplicité que l'angle φ est nul, nous pouvons écrire :

$$
\begin{cases}
Va = Veff.\exp(j.\omega.t) \\[2mm]
Vb = Veff.\exp(j.(\omega.t - \frac{2.\pi}{3})) \\[2mm]
Vc = Veff.\exp(j.(\omega.t - \frac{4.\pi}{3}))
\end{cases}
\qquad (III.3)
$$

Et

$$
\begin{cases}
Ia = Ieff.\exp(j.\omega.t + \varphi) \\[2mm]
Ib = Ieff.\exp(j.(\omega.t - \frac{2.\pi}{3} + \varphi)) \\[2mm]
Ic = Ieff.\exp(j.(\omega.t - \frac{4.\pi}{3} + \varphi))
\end{cases}
\qquad (III.4)
$$

On introduit une variable a tel que :

$$\begin{cases} a = \exp(j.\frac{2.\pi}{3}) \\ \\ a^2 = \exp(j.\frac{4.\pi}{3}) \\ \\ 1 + a + a^2 = 0 \end{cases} \qquad (III.5)$$

Alors on peut écrire :

$$\begin{cases} Va = Veff.\exp(j.\omega.t) \\ \\ Vb = a^2.Va \\ \\ Vc = a.Va \end{cases} \qquad (III.6)$$

3.1.3. Système triphasé déséquilibré - composantes symétriques

Suite à une perturbation quelconque, il est possible que les trois tensions changent de module et de déphasage entre elles. Ainsi, on peut représenter vectoriellement cet état du système comme il suit :

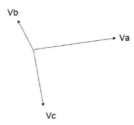

Figure III.2 : Système déséquilibré

Si on introduit trois systèmes direct, inverse et homopolaire tels qu'ils sont définis à la figure suivante :

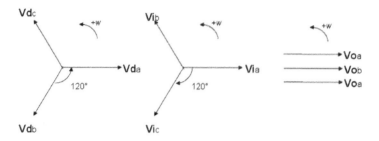

Figure III.3: Systèmes direct, inverse et homopolaire

Avec :

$$Vda = Vd$$

$$Vdb = a^2. Vd$$

$$Vdc = a. Vd$$

$$Via = Vi \qquad (III.7)$$

$$Vib = a. Vdi$$

$$Vic = a^2. Vi$$

$$Voa = Vob = Voc = Vo$$

On prouve mathématiquement que :

$$Va = Vd + Vi + V0$$

$$Vb = a^2. Vd + a . Vi + V0 \qquad (III.8)$$

$$Va = a . Vd + a^2 . Vi + V0$$

Inversement, on a aussi :

$$\begin{cases} Vd = \frac{1}{3}.(Va + a.Vb + a^2.Vc) \\[2mm] Vi = \frac{1}{3}.(Va + a^2.Vb + a.Vc) \\[2mm] Vo = \frac{1}{3}.(Va + Vb + Vc) \end{cases} \qquad (III.9)$$

De même pour l'intensité on a :

$$\begin{cases} Id = \frac{1}{3}.(Ia + a.Ib + a^2.Ic) \\[2mm] Ii = \frac{1}{3}.(Ia + a^2.Ib + a.Ic) \\[2mm] Io = \frac{1}{3}.(Ia + Ib + Ic). \end{cases} \qquad (III.10)$$

Pour les études de localisation, on va souvent recourir au schéma général d'une source de tension non idéale (possédant des impédances directe, inverse et homopolaire non nulles) :

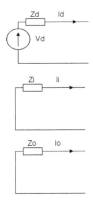

Figure III.4 : Schéma par composantes symétriques d'une source de tension non idéale

Où Vd est la tension nominale de la phase (a) de la source et Zd, Zi, Zo ses impédances directe, inverse et homopolaire. Dans les schémas inverse et homopolaire, il n'y a pas de sources parce qu'elles n'existent pas physiquement.

3.2. Méthode de localisation développée

La méthode de localisation que nous allons présenter repose sur le calcul d'une impédance "vue" au niveau du point de mesure et le fait que cette impédance soit proportionnelle à la distance de défaut. Le point de mesure est situé juste après la poste source. Dans le contexte d'application de ces méthodes il y a quelques facteurs qui peuvent s'avérer perturbateurs pour la précision de calcul. Ce sont :

✓ La charge totale du réseau.

✓ L'impédance de contact lors d'un court-circuit : elle est normalement considérée comme étant de nature résistive.

✓ La connexion de sources d'énergie supplémentaires…

3.2.1. Défaut Monophasé - Schéma et formules de calcul

Soit un défaut phase-terre (monophasé) se produisant entre la phase « 1 » et la terre via une impédance.

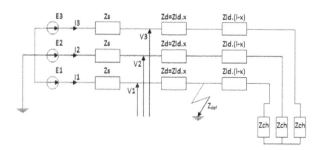

Figure III.5 : Schéma de défaut monophasé

Calcul du courant du court-circuit [8] :

Soit les équations des composantes réelles :

$$
\begin{cases}
\underline{I2} = \underline{I3} = \underline{0} \\
\underline{V1} = \underline{Z_{def}} \cdot \underline{I1}
\end{cases}
\tag{III.11}
$$

Les équations des composantes symétriques :

$$\left\{ \begin{array}{l} \underline{I1} = \underline{Id} + \underline{Ii} + \underline{Io} \\[2mm] \underline{I2} = a^2.\underline{Id} + a.\underline{Ii} + \underline{Io} \\[2mm] \underline{I3} = a.\underline{Id} + a^2.\underline{Ii} + \underline{Io} \end{array} \right. \qquad (III.12)$$

$$\left\{ \begin{array}{l} \underline{V1} = \underline{Vd} + \underline{Vi} + \underline{Vo} \\[2mm] \underline{V2} = a^2.\underline{Vd} + a.\underline{Vi} + \underline{Vo} \\[2mm] \underline{V3} = a.\underline{Vd} + a^2.\underline{Vi} + \underline{Vo} \end{array} \right. \qquad (III.13)$$

Ces équations lient respectivement les courants réels et les tensions réelles à leurs composants symétriques.

D'après (III.11) et (III.12) on a

$$\left\{ \begin{array}{l} \underline{Vd} + \underline{Vi} + \underline{Vo} = Z_{def}.\underline{I1} \\[2mm] a^2.\underline{Id} + a.\underline{Ii} + \underline{Io} = 0 \\[2mm] a.\underline{Id} + a^2.\underline{Ii} + \underline{Io} = 0 \end{array} \right. \qquad (III.14)$$

Donc
$$\left\{ \begin{array}{l} \underline{Id} = \underline{Ii} = \underline{Io} = \frac{\underline{I1}}{3} \\[2mm] \underline{Vd} + \underline{Vi} + \underline{Vo} = 3.Z_{def}.\underline{Io} \end{array} \right. \qquad (III.15)$$

L'équation de fonctionnement du circuit est

$$\left\{ \begin{array}{l} \underline{V1} = \underline{Vd} + \underline{Zd}.\underline{Id} \\[2mm] \underline{0} = \underline{Vi} + \underline{Zi}.\underline{Ii} \\[2mm] \underline{0} = \underline{Vo} + \underline{Zo}.\underline{Io} \end{array} \right. \qquad (III.16)$$

Soit le schéma équivalent selon les composants symétriques :

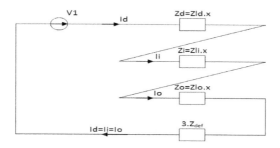

Figure III.6 : Schéma équivalant d'un défaut monophasé

D'après le schéma équivalant précédant on a

$$\underline{V1} = 3.\underline{Z_{def}}.\underline{Io} + (\underline{Zd} + \underline{Zi} + \underline{Zo}).\underline{Io}$$

Donc
$$\underline{Io} = \underline{V1} / (\underline{Zd} + \underline{Zi} + \underline{Zo} + 3.\underline{Z_{def}}) \qquad (III.17)$$

Or on a d'après (III.15)
$$\underline{Io} = \frac{\underline{I1}}{3} = \frac{\underline{Icc}}{3}$$

D'où
$$\underline{Icc} = 3.\underline{V1} / (\underline{Zd} + \underline{Zi} + \underline{Zo} + 3.\underline{Z_{def}}) \qquad (III.18)$$

Calcul de la distance :

On a

$$\begin{cases} \underline{Zd} = \underline{Zld}.x \\[2mm] \underline{Zi} = \underline{Zli}.x \\[2mm] \underline{Zo} = \underline{Zlo}.x \end{cases} \qquad (III.19)$$

Donc d'après (III.18) et (III.19) on a

$$\underline{Icc} = \left.\frac{3.\underline{V1}}{}\right/ ((\underline{Zld} + \underline{Zli} + \underline{Zlo}).x + 3.\underline{Z_{def}}) \tag{III.20}$$

D'où la distance de défaut est :

$$x = \left.\frac{(\frac{3.\underline{V1}}{\underline{Icc}} - 3.\underline{Z_{def}})}{}\right/ (\underline{Zd} + \underline{Zi} + \underline{Zo})$$

3.2.2. Défaut Biphasé Terre- Schéma et formules de calcul

Soit un défaut biphasé-terre se produisant entre la phase « 2 », la phase « 3 » et la terre via une impédance.[8]

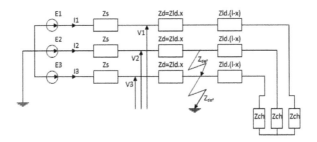

Figure III.7 : Schéma de défaut biphasé terre

Calcul du courant du court-circuit :

Soit les équations des composantes réelles :

$$\begin{cases} \underline{I1} = \underline{0} \\ \\ \underline{V2} = \underline{V3} = \underline{Z_{def}}.(\underline{I2} + \underline{I3}) \end{cases} \tag{III.21}$$

Les équations de composante symétrique :

$$
\begin{cases}
\underline{I1} = \underline{Id} + \underline{Ii} + \underline{Io} \\[2mm]
\underline{I2} = a^2.\underline{Id} + a.\underline{Ii} + \underline{Io} \\[2mm]
\underline{I3} = a.\underline{Id} + a^2.\underline{Ii} + \underline{Io}
\end{cases}
\qquad \text{(III.22)}
$$

$$
\begin{cases}
\underline{V1} = \underline{Vd} + \underline{Vi} + \underline{Vo} \\[2mm]
\underline{V2} = a^2.\underline{Vd} + a.\underline{Vi} + \underline{Vo} \\[2mm]
\underline{V3} = a.\underline{Vd} + a^2.\underline{Vi} + \underline{Vo}
\end{cases}
\qquad \text{(III.23)}
$$

D'après (III.21) et (III.22) on a :

$$
\begin{cases}
\underline{Vd} = \underline{Vi} \\[2mm]
\underline{Vo} = \underline{Vd} + 3.\underline{Z_{def}}.\underline{Io} \\[2mm]
\underline{Id} + \underline{Ii} + \underline{Io} = 0
\end{cases}
\qquad \text{(III.24)}
$$

L'équation de fonctionnement du circuit est

$$
\begin{cases}
\underline{V1} = \underline{Vd} + \underline{Zd}.\underline{Id} \\[2mm]
\underline{0} = \underline{Vi} + \underline{Zi}.\underline{Ii} \\[2mm]
\underline{0} = \underline{Vo} + \underline{Zo}.\underline{Io}
\end{cases}
\qquad \text{(III.25)}
$$

En utilisant la décomposition en composantes symétriques, on peut considérer le schéma équivalent suivant:

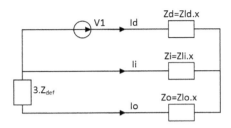

Figure III.8 : Schéma équivalant d'un défaut biphasé terre

D'après le schéma équivalant précédant on a :

✓ Courant direct :

$$\underline{Id} = \frac{V1}{\underline{Zd} + \left(\underline{Zi}.\left(\underline{Zo} + 3.\underline{Z_{def}}\right)\right)\Big/\left(\underline{Zi} + \underline{Zo} + 3.\underline{Z_{def}}\right)}$$

$$\underline{Id} = \frac{V1.(\underline{Zi} + \underline{Zo} + 3.\underline{Z_{def}})}{\underline{Zd}.\underline{Zi} + (\underline{Zd} + \underline{Zi}).(\underline{Zo} + 3.\underline{Z_{def}})} \qquad \text{(III.26)}$$

✓ Courant inverse :

$$\underline{Ii} = \frac{-V1}{\underline{Zd} + \frac{(\underline{Zi}.(\underline{Zo} + 3.\underline{Z_{def}}))}{\big/(\underline{Zi} + \underline{Zo} + 3.\underline{Z_{def}})}} \cdot \frac{\underline{Zo} + 3.\underline{Z_{def}}}{\underline{Zi} + \underline{Zo} + 3.\underline{Z_{def}}}$$

$$\underline{Ii} = \frac{-V1.(\underline{Zo} + 3.\underline{Z_{def}})}{\underline{Zd}.\underline{Zi} + (\underline{Zd} + \underline{Zi}).(\underline{Zo} + 3.\underline{Z_{def}})} \qquad \text{(III.27)}$$

✓ Courant homopolaire :

$$\underline{Io} = \frac{-V1}{\underline{Zd} + \frac{(\underline{Zi}.(\underline{Zo} + 3.\underline{Z_{def}}))}{\big/(\underline{Zi} + \underline{Zo} + 3.\underline{Z_{def}})}} \cdot \frac{\underline{Zi}}{\underline{Zi} + \underline{Zo} + 3.\underline{Z_{def}}}$$

$$\underline{Io} = \frac{-V1.\underline{Zi}}{\underline{Zd}.\underline{Zi} + (\underline{Zd} + \underline{Zi}).(\underline{Zo} + 3.\underline{Z_{def}})} \qquad \text{(III.28)}$$

Donc d'après (III.22), (III.25), (III.26) et (III.27) on a

$$
\begin{cases}
\underline{I1} = \underline{0} \\[2mm]
\underline{I2} = -j\sqrt{3}\,.\,\underline{V1}\,.\dfrac{\underline{Zo}+3.\underline{Z_{def}}-a.\underline{Zi}}{\underline{Zd.Zi}+(\underline{Zd}+\underline{Zi}).(\underline{Zo}+3.\underline{Z_{def}})} \\[2mm]
\underline{I3} = j\sqrt{3}\,.\,\underline{V1}\,.\dfrac{\underline{Zo}+3.\underline{Z_{def}}-a^2.\underline{Zi}}{\underline{Zd.Zi}+(\underline{Zd}+\underline{Zi}).(\underline{Zo}+3.\underline{Z_{def}})}
\end{cases}
\tag{III.29}
$$

Le courant de défaut biphasé terre est

$$
\underline{Icc} = \underline{I2} + \underline{I3} = -3\,.\,\underline{V1}\,.\dfrac{\underline{Zi}}{\underline{Zd.Zi}+(\underline{Zd}+\underline{Zi}).(\underline{Zo}+3.\underline{Z_{def}})}
\tag{III.30}
$$

Calcul de la distance :

On a

$$
\begin{cases}
\underline{Zd} = \underline{Zld}\,.\,x \\[2mm]
\underline{Zi} = \underline{Zli}\,.\,x \\[2mm]
\underline{Zo} = \underline{Zlo}\,.\,x
\end{cases}
\tag{III.31}
$$

Donc d'après (III.30) et (III.31) on a

$$
\underline{Icc} = -3\,.\,\underline{V1}\,.\dfrac{\underline{Zli}}{\underline{Zd.Zli}.x+(\underline{Zld}+\underline{Zli}).(\underline{Zlo}.x+3.\underline{Z_{def}})}
\tag{III.32}
$$

D'où la distance de défaut est :

$$
x = \left(\dfrac{-3\,.\,\underline{V1}.\underline{Zli}}{\underline{Icc}} - 3.\underline{Z_{def}}\,.\,(\underline{Zld}+\underline{Zli})\right) \Big/ (\underline{Zld}+\underline{Zli}+(\underline{Zld}+\underline{Zli}).\underline{Zlo})
\tag{III.33}
$$

3.2.3. Défaut Biphasé isolé- Schéma et formules de calcul

Pour un défaut biphasé sans contact à la terre, nous avons le schéma de connexion suivant :

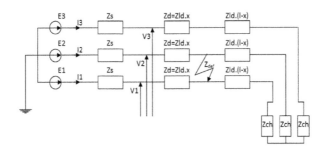

Figure III.9 : Schéma de défaut biphasé

Calcul du courant du court-circuit :

En utilisant la décomposition en composantes symétriques, on peut considérer le schéma équivalent suivant [9]

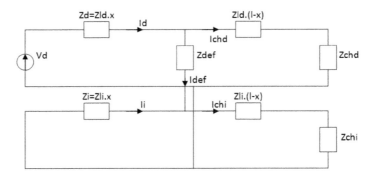

Figure III.101 : Schéma équivalant d'un défaut biphasé

Condition nécessaire pour le calcule

$$\underline{I}_{chd} \approx \underline{I}_{chi} \approx \underline{0}$$

Donc

$$\underline{Id} \approx \underline{I}_{def} = -a.\underline{Ii} \qquad (\text{III.34})$$

D'après le schéma précédant on a

$$\underline{Vd} - \underline{Zd}.\,\underline{Id} - \underline{Z_{def}}.\,\underline{I_{def}} + \underline{Zi}.\,\underline{Ii} = \underline{0}$$

Or
$$\underline{Ii} = -\left(\frac{1}{a}\right).\underline{Id}$$

Donc
$$\underline{Vd} - \underline{Zd}.\,\underline{Id} - \underline{Z_{def}}.\,\underline{Id} - \left(\frac{1}{a}\right).\underline{Zi}.\,\underline{Id} = \underline{0} \qquad (III.35)$$

$$\underline{Id} = \underline{Vd}\Big/\left(\underline{Zd} + \underline{Z_{def}} + \left(\frac{1}{a}\right).\underline{Zi}\right)$$

Calcul de la distance :

On a

$$\begin{cases} \underline{Zd} = \underline{Zld}.\,x \\[2mm] \underline{Zi} = \underline{Zli}.\,x \end{cases} \qquad (III.36)$$

Donc

$$\underline{Icc} = \underline{Id} = \underline{Vd}\Big/\left(\underline{Zld}.\,x + \underline{Z_{def}} + \left(\frac{1}{a}\right).\underline{Zli}.\,x\right) \qquad (III.37)$$

D'où la distance de défaut est :

$$x = \left(\frac{\underline{Vd}}{\underline{Id}} - \underline{Z_{def}}\right)\Big/\left(\underline{Zld} + \left(\frac{1}{a}\right).\underline{Zli}\right) \qquad (III.38)$$

3.2.4. Défaut Triphasé- Schéma et formules de calcul

Soit un défaut triphasé se produisant entre les phases sans contact à la terre via une impédance

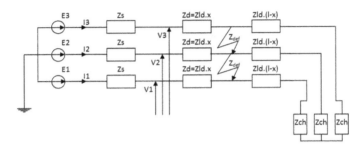

Figure III.11 : Schéma de défaut triphasé

Calcul du courant du court-circuit :

En utilisant la décomposition en composantes symétriques, on peut considérer le schéma équivalent suivant [9]

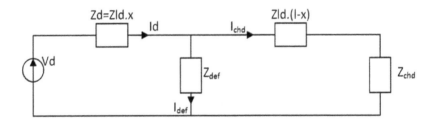

Figure III.12 : Schéma équivalant d'un défaut triphasé

Condition nécessaire pour le calcul

$$\underline{I_{chd}} \approx \underline{0}$$

Donc $$\underline{Id} \approx \underline{I_{def}}$$ (III.39)

D'après le schéma précédant, on a

$$\underline{V_d} - \underline{Z_d}.\underline{I_d} - \underline{Z_{def}}.\underline{I_{def}} = \underline{0}$$

Or d'après (III.39) on a

$$\underline{V_d} - \underline{Z_d}.\underline{I_d} - \underline{Z_{def}}.\underline{I_d} = \underline{0} \tag{III.40}$$

Donc

$$\underline{I_d} = \frac{\underline{V_d}}{(\underline{Z_d} + \underline{Z_{def}})} \tag{III.41}$$

Le courant du court-circuit est

$$\underline{I_{cc}} = \underline{I_d} = \frac{\underline{V_d}}{(\underline{Z_d} + \underline{Z_{def}})} \tag{III.42}$$

Calcul de la distance :

On a $\underline{Z_d} = \underline{Z_{ld}}.x$ $\tag{III.43}$

Donc l'équation (III.42) devient

$$\underline{I_{cc}} = \underline{I_d} = \frac{\underline{V_d}}{\left(\underline{Z_{ld}}.x + \underline{Z_{def}}\right)}$$

D'où la distance de défaut est :

$$x = \frac{(\frac{\underline{V_d}}{\underline{I_{cc}}} - \underline{Z_{def}})}{\underline{Z_{ld}}}$$

VII.   Conclusion

Dans ce chapitre nous avons présenté quelques méthodes pour le calcul de distance de défaut pour les défauts monophasés, biphasés et triphasés. Pour ce qui concerne notre projet on a developpé une méthode de localisation qui se repose sur l'utilisation des composantes symétriques.

Chapitre 4 :

Simulation et Supervision

I. Introduction

Ce chapitre présente la partie affichage de notre projet. En premier lieu, nous commençons par la présentation de logiciel MATLAB. Par la suite nous allons décrire le simulateur du réseau électrique en discutant quelques résultats de simulation. Puis on finit par la partie supervision du cycle de fonctionnement.

II. Présentation MATLAB

MATLAB est un logiciel optimisé pour le traitement des matrices, d'où son nom MATrix LABoratory.

Pour les calculs numériques, MATLAB est beaucoup plus conçu que les «vieux» langages (C, Pascal, Fortran, Basic). Il contient également une interface graphique puissante, ainsi qu'une grande variété d'algorithmes scientifiques.

MATLAB est un logiciel interactif essentiellement basé sur le calcul matriciel. Il est utilisé dans les calculs scientifiques et les problèmes d'ingénierie étant donné qu'il permet la résolution des problèmes numériques complexes en moins de temps requis par les langages de programmation, et ce grâce à une multitude de fonctions intégrées et à plusieurs programmes outils testés et regroupés selon usage (boites à outils ou Toolbox).

1. L'environnement MATLAB/Simulink

MATLAB/Simulink sont des produits de MathWorks et sont utilisés pour le développement de calcul et de conception basée sur les modèles. MATLAB est destiné essentiellement à réaliser des calculs mathématiques, la visualisation l'analyse des résultats et l'édition de nouveaux programmes utilisateurs.

Simulink est l'extension graphique de MATLAB et sert à la modélisation et la simulation des systèmes dynamiques. Cet environnement graphique est une plate forme de simulation multi domaines basées sur les flots des signaux d'entrée de sortie. Il contient un ensemble de librairies qui peuvent être adaptées et/ou enrichies aux besoins du concepteur.

Les modèles sont basés sur des diagrammes blocs et de connexions (signaux). La relation entre les éléments du diagramme bloc et les signaux qui les connectent décrit le système dynamique. Cependant dans la bibliothèque Simulink on retrouve deux classes de blocs. La première classe représente les éléments constituant le système (blocs non virtuels) et la deuxième concerne les blocs qui n'ont pas de rôle dans le système (blocs virtuel : gain, multiplexeur ... etc.). Les blocs de Simulink sont constitués de : générateurs de signaux, observations des signaux, systèmes continus et éléments de gestion des signaux.

On présente la fenêtre des navigateurs des bibliothèques Simulink dans la figure IV.1 :

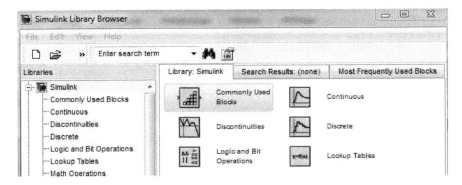

Figure IV.1 : Navigateurs des bibliothèques Simulink

2. Les fichiers-m

Afin d'éviter d'avoir à retaper une série de commandes, il est possible de créer un programme MATLAB, connu sous le nom de «**fichier-m**» («m-file»). Le nom provenant de la terminaison « **.m** » de ces fichiers permet de créer un fichier en format texte qui contient une série de commandes MATLAB et ce à l'aide de son éditeur.

Pour créer un fichier-m, il faut aller dans le menu File→New→m-File ou cliquer sur le bouton de la page blanche. L'enregistrement se fait normalement dans le répertoire courant. Une fois le fichier sauvegardé (sous le nom nomdefichier.m par exemple), il s'agit de l'appeler dans MATLAB à l'aide de la commande : >>nomdefichier.m

Les commandes qui y sont stockées seront alors exécutées et les résultats s'afficheront dans la fenêtre de commande (Command Window).

3. Interface graphique sous MATLAB

Les interfaces graphiques (ou interfaces homme-machine) sont appelées GUI (pour Graphical User Interface) sous MATLAB. Elles permettent à l'utilisateur d'interagir avec un programme informatique, grâce à différents objets graphiques (boutons, menus, cases à cocher, ...).

MATLAB possède un outil dédié à la création des interfaces graphiques appelé GUIDE (Graphical User Interface Development Environment).

Le GUIDE est un constructeur d'interface graphique qui regroupe tous les outils dont le programmeur à besoin pour créer une interface graphique de façon intuitive.

On présente la fenêtre principale du GUIDE dans la figure IV.2:

Figure IV.2 : Fenêtre principale du GUIDE

Une fois l'interface graphique terminée, son enregistrement donne deux fichiers portant le même nom mais dont les deux extensions sont **.fig** et **.m**

Le fichier **.fig** contient la définition des objets graphiques (positions et propriétés). Ce fichier peut être ouvert ultérieurement avec le GUIDE pour modifier les objets graphiques.

Le **fichier.m** contient les lignes de code qui assurent le fonctionnement de l'interface graphique (action des objets). Ce fichier peut être édité dans le MATLAB Editor pour y ajouter des actions à la main. C'est ce fichier qui doit être lancé pour utiliser l'interface graphique.

III. Simulation du réseau électrique

Une simulation des comportements des lignes aériennes en fonction du mode de mise à la terre est effectuée à l'aide du logiciel MATLAB/ SIMULINK.

Les paramètres du réseau sont calculés directement en utilisant la bibliothèque du logiciel SIMULINK.

Source : triphasé 150 KV, Rs = 0.8929 Ω, Xs= 16.58e-3 H

Ligne : ligne courte, Rl = 0.01273 Ω, Xl = 0.9337e-3 H, Capacité négligeable

Bloc de défaut : Rd = 0.001 Ω

Le modèle de simulation est donné par la figure suivante :

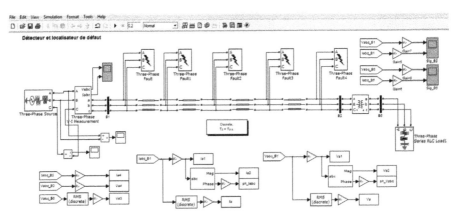

Figure IV.3 : Modèle simulink

1. Description de la simulation sous MATLAB

Vu la difficulté de l'injection de défaut à l'intermédiaire de la ligne, la division de cette dernière en deux segments sera nécessaire pour résoudre ce problème.

On peut développer donc cette idée de la manière qui nous permet l'injection de défaut dans n'importe quelle distance d'où vient la nécessitée de la subdivision de la ligne dans notre modèle.

Le manque des appareils de mesure sur les lignes présentés au système actuel (dans la STEG) exige la localisation des capteurs de tension et de courant sur les extrémités afin d'afficher les mesures désirées.

Notre simulation necessite l'ajout d'un autre appareil de mesure de tension pour spécifier les differents défauts de court-circuit. L'analyse se fait donc sur des intervalles bien déterminés extraits des essais d'injection des différents types des défauts pour des distances prédéfinies.

Pour injecter un défaut sur notre modèle on a utilisé un bloc de défaut (Three-Phase Fault) avec lequel on peut réaliser différents types de court circuit.

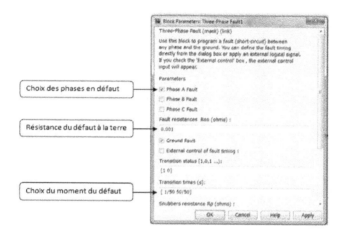

Figure IV.4 : Bloc des paramètres de défaut

Afin d'étudier la précision de l'algorithme proposé on rencontre toujours une erreur dont sa valeur varie selon le type et la distance du défaut.

Notons que le pourcentage de l'erreur est calculé comme suit :

$$\text{Erreur}(\%) = \frac{\text{Xcal} - \text{Xréel}}{\text{L}} \times 100 \qquad (IV.1)$$

Ou :

- Xcal = Distance calculée du défaut
- Xréel = Distance réelle du défaut
- L = longueur totale de la ligne

2. Organigramme de la méthode développée

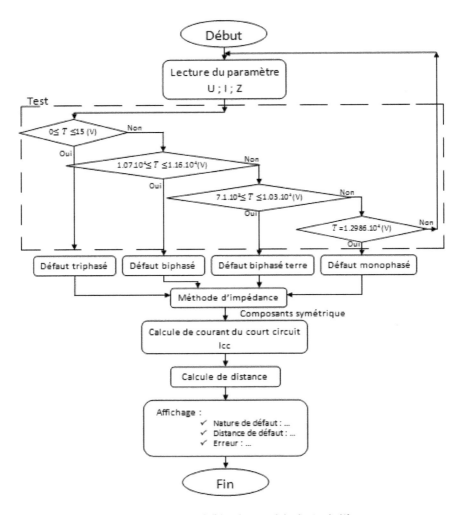

Figure IV.5 : Organigramme de l'algorithme pour la localisation de défaut

IV. Résultat de simulation

Afin d'étudier la précision de l'algorithme proposé pour différentes localisations de défauts, les résultats des divers simulations sont présentés dans cette partie.

1. Défaut monophasé

1.1. Courbes des mesures

Les courbes suivantes montient les résultats d'un exemple d'injection d'un défaut monophasé à l'intermédiaire de la première phase de la ligne :

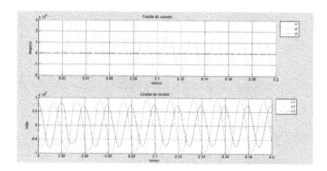

Figure IV.6 : Courbes d'un défaut monophasé

Nous remarquons que la courbe du courant (I_1) de la première phase est plus élevée. Alors que sa tension visualise une chute de tension comme l'indique la figure ci-dessus (car le courant et la tension sont inversement proportionnel). En même temps, nous pouvons observer une petite variation sur les autres phases de courant et de tension.

1.2. Tableau des mesures

Lors d'une injection d'un défaut monophasé sur le modèle du réseau considéré pour différentes localisations, l'algorithme a testé pour quelques points tout au long de la ligne, la distance du défaut. Ces résultats sont récapitulés dans le tableau suivant :

Longueur d'une branche (km)	Distance désirée (km)	Distance calculée (km)	Erreur de calcule (%)
20	20	21.6540	2.0675
	40	42.8886	3.6107
	60	63.7032	4.6289
	80	84.1024	5.1280
50	50	53.659	1.8295
	100	105.094	2.5472
	150	154.204	2.1023
	200	201.103	0.5516
80	80	85.7074	1.7836
	160	166.320	1.9751
	240	241.045	0.3268
	320	310.562	0.9495

Tableau IV.1 : Tableau des mesures d'un défaut monophasé

2. Défaut biphasé-terre

2.1. Courbes des mesures

Les résultats de simulation dans les cas d'un défaut entre les deux premières phases et la terre sont présentés sur la figure IV.7 :

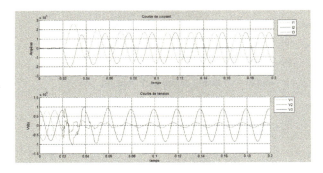

Figure IV.7 : Courbes d'un défaut biphasé-terre

A ce point, nous affectons les phases 1, 2 pour simuler un défaut biphasé-terre. Nous remarquons que les courants I_1 et I_2 sont plus élevés sur ces deux phases avec un écrasement de tension (le courant est inversement proportionnel à la tension). D'autre part, nous constatons que l'allure de la phase 3 présente une petite variation de courant et de tension.

2.2. Tableau des mesures

Afin d'analyser la précision de l'algorithme du calcul de défaut biphasé-terre, nous avons réalisé les essais pour diverses longueurs des branches de la ligne et pour différentes distances du défaut. Ces résultats sont classés dans le tableau suivant :

Longueur d'une branche (km)	Distance désirée (km)	Distance calculée (km)	Erreur de calcule (%)
20	20	23.3040	4.1300
	40	44.4430	5.5540
	60	65.2089	6.5100
	80	85.6550	7.0687
50	50	5·.9290	2.4650
	100	105.993	2.9960
	150	155.453	2.7260
	200	203.708	1.8542
80	80	85.9430	1.8570
	160	165.650	1.7656
	240	242.520	0.7877
	320	318.051	0.6089

Tableau IV.2 : Tableau des mesures d'un défaut biphasé-terre

3. Défaut biphasé

3.1. Courbes des mesures

Les résultats d'un example d'un défaut entre la phase 1 et 2 sont présentés dans la figure IV.8 :

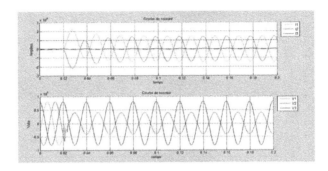

Figure IV.8 : Courbes d'un défaut biphasé

Nous remarquons que les courants I_1 et I_2 sont plus élevés sur ces deux phases avec un écrasement de tension V. En même temps, nous pouvons observer que ces deux courbes de courant sont en opposition de phase.

3.2. Tableau des mesures

Pour évaluer la précision de calcul de distance de défaut, l'algorithme proposé a été testé pour une grande variété de distances de défaut. Certains résultats sont récapitulés dans le tableau suivant :

Longueur d'une branche (km)	Distance désirée (km)	Distance calculée (km)	Erreur de calcule (%)
20	20	27.5800	9.478
	40	48.4370	10.546
	60	69.0760	11.345
	80	89.3600	11.70
50	50	58.9120	4.456
	100	109.8758	4.938
	150	157.815	3.907
	200	203.8354	1.917
80	80	89.9770	3.118
	160	168.1897	2.560
	240	241.316	0.411
	320	310.8586	2.856

Tableau IV.3 : Tableau des mesures d'un défaut biphasé

4. Défaut triphasé

4.1. Courbes des mesures

Après la simulation monophasée et biphasée, nous ajoutons un autre défaut .Il s'agit d'un défaut triphasé sur les trois phases 1, 2 et 3. Les courbes suivantes sont les résultats de ce type de simulation :

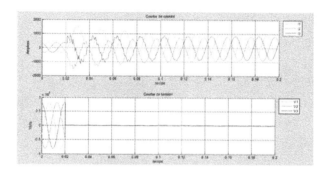

Figure IV.9 : Courbes d'un défaut triphasé

Au cours de cette simulation, nous constatons que les allures varient simultanément quelque soit pour le courant ou bien pour la tension. En observant la courbe du courant, nous constatons que l'injection d'un défaut triphasé résulte un accroissement de courants I_1, I_2 et I_3 sur les trois phases. En contraduction , les courbes de tension créent un écrasement très important.

4.2. Tableau des mesures

Les résultats d'analyse de la précision de calcul de défaut triphasé pour différentes longueurs des branches de ligne sont donnés par le tableau suivant :

Longueur d'une branche (km)	Distance désirée (km)	Distance calculée (km)	Erreur de calcule (%)
20	20	20.0020	0.0026
	40	40.0006	7.14e-4
	60	60.0139	0.0174
	80	80.0635	0.0793
50	50	50.0030	0.0015
	100	100.170	0.0854
	150	150.8256	0.4128
	200	202.288	1.1440
80	80	80.0640	0.0200
	160	161.056	0.3300
	240	244.296	1.3430
	320	331.284	3.5260

Tableau IV.4 : Tableau des mesures d'un défaut triphasé

V. Supervision

1. Introduction

Le developpment de notre travail exige la création d'une interface graphique permettant la supervison et l'affichage de l'état du processus. La figure ci-dessous présente la vue intiale de notre système.

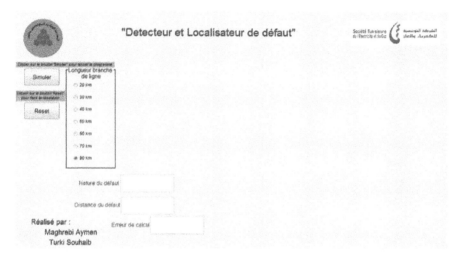

Figure IV.10 : Interface graphique de localisateur du défaut

2. Fonctionnement

L'appui sur le bouton « **Simuler** » entraîne une:

✓ Exécution de notre simulateur.

✓ Lecture des paramètres des courants et des tensions pour l'intégrer dans notre algorithme.

✓ Exécution de l'algorithme du calcul.

✓ Affichage des résultats de calcul.

L'appui sur le bouton « **Reset** » entraine une:

✓ Suppression de tout ce qui est affiché précédemment.

✓ Affichage de «Résolution du problème en cours …» si on a un défaut.

3. Exemple d'affichage d'un défaut

Dans cette partie en injectant un défaut triphasé dans la ligne tel que la longueur d'une branche de cette ligne est égale à **80km**, notre simulateur nous donne les résultats suivants.

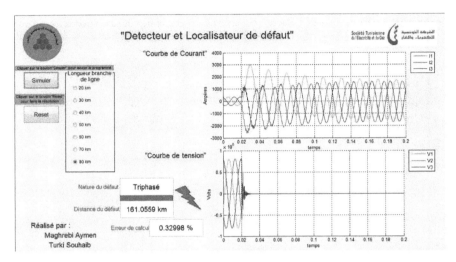

Figure IV.11 : Affichage d'un défaut triphasé

➤ Cette interface nous donne la nature, la distance ainsi l'erreur de calcul associées à ce type de défaut et affiche ses deux courbes significatifs.

VI. Conclusion

Dans ce chapitre, on a proposé une interface graphique qui exécute notre algorithme de calcul de défaut et qui affiche tous les résultats. Les simulations prouvent que l'algorithme est capable de déterminer le lieu de défaut avec une précision jugée bonne dans toutes les conditions y compris pour différents points de défaut.

Conclusion Générale

L'objectif du travail présenté dans ce projet est d'étudier et d'analyser des méthodes existantes pour le problème de la localisation de défaut dans les lignes de transport d'énergie et de proposer une nouvelle méthode pour résoudre ce problème précisément.

Dans un premier temps, nous avons présenté une description générale sur les réseaux électriques et présenté le principe des méthodes classiques utilisées auparavant pour la détection et la localisation de défauts que se produisent lors d'un transport d'énergie.

Dans un deuxième temps, nous avons développé notre approche basée sur le calcul des impédances en utilisant la théorie des composantes symétriques. Notre approche consiste à calculer la distance du défaut après avoir déterminer le courant de court-circuit.

L'analyse en simulation du notre approche est effectuée dans le dernière chapitre. Une partie consiste à construire un simulateur d'un réseau électrique sous MATLAB sur lequel on peut injecter un type de défaut. Une autre consiste à l'exécution du notre algorithme de calcule et à afficher tous les résultats sur une interface graphique.

Les simulations montrent que les résultats sont précis, c'est-à-dire l'erreur estimé pour la localisation de défaut étais assez petite pour presque tous les cas.

Bibliographie

[1]: Groupe Sonelgaz, « **Guide Technique de Distribution** »

   Document technique de groupe SONELGAZ, 1984.

[2]: W.D. Stevenson, « **Elements of Power System Analysis** »

   4th edition, McGraw Hill Book 1982.

[3]: P. Carrive, « **Structure et planification, Réseau de distribution** »

   Techniques de l'ingénieur, traité Génie électrique, 1990

[4]: C.D.Pham, «**Détection et localisation de défauts dans les réseaux de distribution HTA**»

   Thèse de Doctorat de l'Institut National Polytechnique de Grenoble, 2005

[5] : T. Welfonder, « **Localisation de défauts monophasés dans les réseaux de distribution à neutre compensé** »

   Thèse de Doctorat de l'Institut National Polytechnique de Grenoble, 1998

[6] : M. Clement, P. Millet, L. Perrault, J. Raymongue, « **Spécification HN 45-S-51 Réseaux HTA souterrains – Détecteurs de défauts monophasés directionnels et polyphasés non directionnels**»

   Service matériel électrique département CIMA - EDF, 19/1/2001

[7] : C.D.Pham, « **Détection et localisation de défauts dans les réseaux de distribution HTA en présence de génération d'énergie dispersée** »

   Thèse de Doctorat de l'Institut National Polytechnique de Grenoble, 2005

[8] : « **Analyse des réseaux triphasés en régime perturbé à l'aide des composantes Symétriques** »

   Schnyder-Symétrique

[9] : D.Penkov, « **Localisation de défauts monophasés dans les réseaux de distribution à neutre compensé** »

   Thèse de Doctorat de l'Institut National Polytechnique de Grenoble, 2006

Annexes

Fonction Paramètre :

```
function[T,V1,V2,V3,I1,I2,I3,Zd,Zl,Vd1,Id1,Zld,Zli,Zlo,a]=paramètre
(Va, Ia, ph_Vabc, ph_Iabc, Va3)
%Paramètre:............................................
f = 50;
R1=0.01273;
X1=0.9337e-3;
Rd=0.001;
Xd=0;
w=2*pi*f;
Zl=R1+i*w*X1;
Zd=Rd+i*w*Xd;
t='t';
a=exp((i*2*pi)/3);
%calcul de tension à la zone du défaut:..................
V=min([Va(4000,1);Va(4000,2);Va(4000,3)]);
%calcul de courant à la zone du défaut:..................
I=max([Ia(4000,1);Ia(4000,2);Ia(4000,3)]);
%tension mesuré.........................................
V1=V*exp(i*(w*t-ph_Vabc(4000,1)));
V2=V*exp(i*(w*t-(2*pi/3)-ph_Vabc(4000,1)));
V3=V*exp(i*(w*t-(4*pi/3)-ph_Vabc(4000,1)));
%courant mesuré.........................................
I1=I*exp(i*(w*t-ph_Iabc(4000,1)));
I2=I*exp(i*(w*t-ph_Iabc(4000,1)-(2*pi/3)));
I3=I*exp(i*(w*t-ph_Iabc(4000,1)-(4*pi/3)));
%calcule de tension direct, inverse et homopolaire:..............
Vd1=(1/3)*(V1+a*V2+(a^2)*V3);
Vi1=(1/3)*(V1+(a^2)*V2+a*V3);
Vo1=(1/3)*(V1+V2+V3);
%calcule de courant direct, inverse et homopolaire:..............
Id1=(1/3)*(I1+a*I2+(a^2)*I3);
Ii1=(1/3)*(I1+(a^2)*I2+a*I3);
Io1=(1/3)*(I1+I2+I3);
%calcule qui spécialise les défauts:....................
T=max([Va3(4000,1);Va3(4000,2);Va3(4000,3)]);
end
```